Offrandes de la jouissance

Marylène Bertrand

Offrandes de la jouissance

Éditions du Noroît
COLLECTION INITIALE

Le Noroît souffle où il veut, en partie grâce aux subventions du Conseil des Arts du Canada et de la Société de développement des entreprises culturelles du Québec.

Les Éditions du Noroît bénéficient également de l'appui du Programme de crédit d'impôt pour l'édition de livres du gouvernement du Québec (gestion SODEC).

Artiste : Marylène Bertrand
Infographie : Geneviève Desautels

Dépôt légal : 1er trimestre 2009
Bibliothèque nationale du Québec
Bibliothèque nationale du Canada
ISBN : 978-2-89018-650-7

Catalogage avant publication de Bibliothèque et Archives nationales du Québec et Bibliothèque et Archives Canada
Bertrand, Marylène
Offrandes de la jouissance
(Collection Initiale)
Poèmes.
ISBN 978-2-89018-650-7
I. Titre. II. Collection: Collection Initiale du Noroît.
PS8603.E765J68 2009 C841'.6 C2008-942638-X
PS9603.E765J68 2009

DISTRIBUTION AU CANADA
EN LIBRAIRIE
Dimedia
539, boulevard Lebeau
Saint-Laurent (Québec) H4N 1S2
Téléphone : 514-336-3941
Télécopieur : 514-331-3916

Éditions du Noroît
4609, rue D'Iberville, bureau 202
Montréal (Québec) H2H 2L9
Téléphone : 514-727-0005
Télécopieur : 514-723-6660
lenoroit@lenoroit.com
www.lenoroit.com

DISTRIBUTION EN EUROPE
Librairie du Québec (DNM)
30, rue Gay-Lussac
75005 Paris
Téléphone : 01 43 54 49 02
Télécopieur : 01 43 54 39 15
liquebec@noos.fr

Imprimé au Québec, Canada

I

Je n'en peux plus de ce miracle qui est de ne rien savoir dans ce monde et de n'avoir rien appris qu'aimer les choses et les manger vivantes.

Picasso

Le corps d'un cheval bien au travers de ma bouche, j'écris entre mes mains.

La vitesse lape le ventre sautillant dans le sous-terrain.
Ma volonté s'alanguit dans tous les corps.
Toutes les mains placées attendent comme si c'était pour toujours le langage du visage.

Toute la main sur la peau du temps respire l'objet vivant au fond de la mer.

Comme des yeux perlent et suent le désir, ce fond de main respire par mes yeux.

Dans le passage aimanté, le temps devient toujours l'attaquant au sol.
Le reflet de mon amour pour le corps au sol s'échappe.
Mon cœur bat.

Je suis en vibration dans les pastels et la chaleur des pleurs.

Le désir est un ventre en main que j'essaie d'échapper au travers de mes milliers d'années.

La vue jouit de partout.

La douceur, l'impossibilité et la malléabilité languissante sont plongées sous ma main.
Le désir me voit rapidement une terreur sans chair.
Ce viseur à corps jouit toutes secondes.

J'aime le visage en terre à modeler.
Je suis une baleine derrière la bouche.
En même temps que le sacré cœur des yeux,
je tombe comme un baiser dans un corps.

*

Mon corps poisson coule à travers les fantômes
du fleuve.

*

Je suis une fleur qui entre dans une heure.

Il y a si proche un mouvement ouvrant si grave.
Ouvert au-dessus du visage.

Sous mes mains, j'entends.
Il y a au-devant un ciel.

Le visage vole pardi.

Un regard sauvage assis en plein ciel fait rêver la salive en ses fondations. Il la retourne comme un roi lion et croit que son épaisseur est bonne, pleine de macérations.

Tout est perdu.
Mon alcôve ouverte flotte vers une ouverture troublante.
Le désir libéré est un nouveau-né qui souhaite se partager sous le fer casqué des visages.

Pendant que j'avale ma propre salive-avidité,
l'enfant hors de moi est heureux d'être aimé.
Toute l'imagination est abandonnée dans un lac
érotique nécessaire posé sur la face de la vie.

À la perception des traits du visage,
le visible est complètement innocent.
Les secousses-vérités de son bonheur mènent au sans retour de la beauté.
Je suis intéressée par la beauté de l'homme en plein désir.
Dans cette histoire si profonde j'embrasse la mort dans la beauté.
Ces choses qui dépassent ont besoin de nous pour s'afficher.

Le cœur de Picasso est à l'intérieur de moi un champ et un bordel. Il me donne beaucoup d'expirations. Sa plus précise assurance forme un organe.

Un homme présent à combien de touches à côté des enchantés. Transi, les yeux avançant dans le devant de la vérité.

Mon cœur est livré des origines aux poumons.
Dans des halètements où mon visage a le temps.

Assise sur le bout mouillé du désir, je pétille
tranquillement ouverte au ciel.
Un nuage-amant m'aspire.

*

Je suis dans la salive et l'ouverture de la jouissance.

Le plaisir plein au seuil recueille la mort dans la vie du visage.

Mon corps est lancé en l'air par la porte.

Aérienne, je regarde derrière.
Le bonheur est dans mon corps.

Mon corps en lamelles prêt.

Je suis dans la jouissance de la révérence.
Apprêtée comme un légume,
comme une figure de danse enfin avalée à la
surface du puits.
Mes silences ouverts et mes ouvertures regardent.

Le rire de mon corps est simplement étendu dans la
rocaille.

La végétation a été lente.
Mes visions possèdent une vie aimée.

Mon plaisir du levain dans l'air crié fermentent mes reins extérieurs.
L'envolée de mes reins ouvre la direction des seins.

Mon exagération lape.
Mes poumons voguent dans mes sentiments.
Mes ventres et mes naïvetés toutes écartelées.

L'écartèlement, le baiser volé.
Ma bouche, une main ouverte.
J'en pleure à toute vitesse derrière mes yeux.

Mourir sans corps est insupportable.
Le torrent ne demeure pas à mon ventre.
J'aime les preuves qui ont des corps.

*

L'amour apparaît dans ma gorge plongé dans une main immortelle.

La jouissance terrible de la vie si pleine crée une bulle-dieu.

Mon corps abandonné adore la beauté mortelle.
Mon corps pleuré est une chute du mythe animal de l'amour éternel.

Mon cœur se sent étendu comme le dessous du fleuve.
Le blanc de la rive, le gris océan du fleuve.

Je grimpe la longueur des troncs avec la jouissance.

Extatiques et montagneux,
les vrais corps sont sur le dos et sur le ventre.
Le souffle plein d'amour nageant dans les bras
de l'espace.

Dans le silence irrésolu crève-cœur des familles.
Arrache-vent avec les pieds sous terre.
Tue-main sous le cou.
Et sans faim et sans pleurs infinis comme un trou.
Une grande fille en famille minuscule dans le chemin.

Est-elle bonbon en bouche ?
Ou n'a-t-elle jamais vu la douceur autour de toute la ripaille ?

Elle voudrait prier avant le temps.
Dans un bateau sous la soutane de la nature.
Revisiter l'origine gracieuse et les cordons des images électrifiées à ses reins.

Retrouver
comme du sel
ses mains
en suivant le désir en cours
au ras de ses pieds.
Elle attend avec le temps.
Ce que souhaite la couleur rose et matinale d'une statue.

Courtoisie.
Bonheur.
Avancée.

Bonheur, automne de fou.
Maître troué, passage inattendu.
Cœur oublié caché dans la graisse.
Les mille pieds du corps cachés et assoiffés dans le sol.

Ce qui tombe est attendu dans une transparence du corps.
Ce qui tombe est regardé par le désir.
Cette finesse au collier de cris.

Tout ouvrir le corps à mains dans la hauteur.

II

Qu'est-ce qu'une jouissance qui n'est pas dite, une jouissance que rien ne représente ? C'est un bébé sans lait, ni lumière, ni baiser, un bébé pour mourir.

Annie Leclerc, citée par Nancy Huston
dans *Passions d'Annie Leclerc*

Pour écrire, je trouve les écuyers de la nature dans le matin.
Dans un grand parc étranger.
Je crie pour ne pas mourir de vue à travers mon sexe échappé.

L'écriture de l'eau m'attend.
Je pourchasse peut-être l'aqua de mon corps.
L'aqua de mon corps, par le rythme et le galop.
L'aqua de mon corps
montagnard.
Que j'aille par-devant,
par-derrière.

Un paysage se déploie au moment de l'orgasme que je pousse à la brouette.

*

Le sol au sol me supplante.
Il garde et regarde en moi la diffusion érotique et sans venin de la parole.

J'agrandis le bas de mon corps.

C'est un large corps que je respire autour de moi.

Ce mouvement par la grande sexualité que je suis.

Le langage soufflé me ballotte.
Tout cet amour colle à l'écriture que je sens comme une gorge.
Que je ne peux voir
avec ma fébrilité qui se prélasse vers elle.

Je suis en descente écartelée.

J'ai beau jouir, le désir tombe à genoux dans mon corps.
J'ai un lac par jour à chorégraphier.
J'ai beau jouir,
tout ce que je vois explose à jamais en vérités.

J'espère que les jouissances si méritantes galopent et se joignent avec enthousiasme.

*

L'écriture toute ma vie est un socle pénétrant.

J'écris pour jouir facilement dans les airs.
Pour me pardonner de traîner. Saillante. Sans volonté.

Et puis,
dans la visée des yeux,
je suis cette femme bien lancée sur le plancher.

J'ai besoin d'organiser des réceptions devant moi.
De creuser et de les donner.
Moi,
les mains et la terre dans les airs.

Je veux me mélanger à l'eau et au moulin.

Tout est estomaqué.
Le papillon de la lueur à la bouche est rescapé.
Je suis apparition d'un mouton dans un pré.

Le chemin corporel est dans la bonté.

La couleur de mes pieds,
la chaleur grandiose de ma respiration
vivent en souhait mouillé, en buisson heureux.
En rein écarquillé.

Je vois ce que j'aime.
Je m'arrête floralement pour ne pas défaillir.
Je me penche aux extrémités.

Mon corps coule avant l'écriture.

La bonté mortelle coupe et donne le son à la jouissance.

Assise en pleine souffrance,
il y a le désir pendu et perdu
comme un bec d'oiseau dans le corps.

Le désir, mon premier corps.

J'ai tourné autour de l'entrée de la beauté.
Mais dans le colimaçon n'exista soudain plus rien
que le plaisir de tourner.

Mes bras ont miroité au travers du ventre
en chevauchant des yeux sculpteurs.
La peau plus enlevée que la mienne devint une
beauté arrachée à mes yeux.
L'espace brassé dressa un cri.

Le désir atterré là qui pourrait mourir avant même
de vivre.
Comme une héroïne.
Sans accord,
sans yeux entre elle et un corps.

Vie affreusement fragile devant le regard.
Ce cadeau offert est fort.

Le temps cardiaque vit en pâmoison.
La beauté,
en chute éternelle.

Ma folle vue s'ouvre à la surface du petit puits du poignet.

En pleine mer,
quand je me promène autour de mes membres,
je n'oserais jamais m'éloigner du magnétisme
érotique du petit corps que j'aime.

Ma colonne et son argile pataugent dans la paix et les heures.

Où se tient à demeure toute attente qu'est l'intérieur du corps.

Ma langue vit là où il y a un lac à succion.
Par trempage. Le goût autour d'elle.
Ma bouche est l'opéra d'un animal de goût.

Ma langue animale vit dans une chaumière
intensive.
Elle possède une vue à tourner autour du goût.

Mes mains. De véritables personnes de la cour.
Des attachées prévenantes comme de simples fleurs,
toutes savantes du détachement de mon corps.

Ma bouche intérieure et extérieure.
Mes mains jusqu'aux seins.
Mon vagin de la langue au sol dans le travail du
corps déplacé.

Si j'étais encadrée par mon avidité, ce serait le temps
des rois logés dans mes doigts.

Le rythme qui tombe du ciel me pousse à être une
embrassée.

Ces figures dansent pour toujours l'arrivée de l'espace
sexuel.
Je les aime.
Elles fêtent le plaisir lointain qui s'écoule encore de
la santé la plus brillante des corps.

Les gens morts sourient et identifient les lieux.
Gonflés sur le sol
leur joie n'est qu'à prendre ou à mourir.

Chaque geste de danse fait pour mourir appuie sur
l'espace.

III

Je sais depuis l'enfance que la jouissance est impertinente. Et qu'elle est ambitieuse. Qu'elle dit autre chose que ce qu'on dit. Et qu'elle affirme pouvoir penser ce qui n'est pas pensé, et conquérir en l'inventant ce qui n'existe pas encore.

Annie Leclerc,
Épousailles

Dans la pelletée de mon souffle, que dois-je faire ?
Dois-je me plier, m'ouvrir le souffle au ventre,
me baigner dans les mains que l'eau remonte ?

J'ai le cœur en corps.
Mon corps intouchable court.
Le feu salive salé sur ma langue.

Les branches entre mes jambes,
qui dois-je embrasser debout comme un ver de terre ?

Je suis une enfant plus que la pensée le croit avec son couteau.
Plus que la terreur araignée dans son plomb.

La sensualité de la forêt est aiguisée.
Elle tient sa place entre tous.
Comme le roi-reine de l'origine.
Plus droite que le corps humain inimaginable.

Je peux être morte comme une sorcière.
Je suis archée de ponts soutenus par l'air chargé du désir.
Je vois la jouissance veillée à tous les points de mon corps.
Je mets le doigt sur ce que je sens et je pars.

Où sont les chevaux et les robes immenses ?
l'humour et la jouissance-révérence,
les blés qui poussent dans les vagins ?

Où sont les gestes embrassés ?
Quand la bouche saura que les vérités sont des beautés invisibles ?
Comment vivre le contenu de la chair sans le mouvement de la robe ?

Combien d'odeurs faut-il pénétrer sur les genoux ?

Combien de chevaux pour démarrer les reins ?

Les extases.
Des vagues sans mer sans sous-bois.
Des amours à faire éclater.

Des sourires en sang jaillissent dans le couloir prêts à être apprivoisés.
Ceux qui n'apprivoisent pas meurent.

L'apprivoisement mérite une sève visible entre les jambes.
La respiration est désirée dans le chemin.
Les regards sont des corps et les corps sont des regards.

Ma devanture liquéfiée.
J 'ai grand besoin de saluer ce que je vois.
Je passe fébrile au travers des gestes en chemin.

Tout désir de jouir vient nous voir par un corps
élastique.
Les prix sont bleus.
La basse-cour cachée sous la clôture est pleine de
verdure.
Nous nous enivrons dans notre carré d'attente.

Les spasmes attirés par l'eau du ciel font terrasse
dans nos ventres.
La paix en vague à nos corps devient calme et teintée
de génie.

Nos mains sont excitées devant nos visages
par la réalité émue et puissante que cache la poésie.

Je crèverais en deux corps pour la mort.
J'ai deux bouches par devant.

La mort frôle.
Elle fait apparaître mon corps.
La seule chose qui m'effleure quand j'ai de quoi la nourrir.

Elle me mange comme un fantasme.
Nous en mourrons.
Elle est la compréhension.
La seule chose qui prenne mon corps en parties comme d'intéressants cadeaux.

Je sens que je parle en poussière aux hommes comme s'ils étaient des dieux.

La mort ne connaît que les habits de chair qui vivent ouverts depuis longtemps.

Amour éternellement abasourdi.
Embrassé dans la bouche.
Le désir dans mon ventre jongle
jusqu'à la vérité plaquée entre mes yeux et ma bouche.

La raison-navire.
Papier froissé devant cœur de papier crevé.
Si je n'ai pas de raison, je ne serai pas gelée, je ne serai pas séchée.

Un bec, une poignée de main. Un bec, une poignée de main.
Un homme, une beauté.
Une langue, un plancher.
Une imitation, une hystérie.
Une herbe, une folie.

La disparition de mon corps,
un jardin devant les portes.
Le gris derrière la clôture,
un tourniquet de corps.

Constante pâmoison pendue.
On dirait que ma gueule est pleine.

Le désir est charmant.
Il a été charmant.
J'ai été bien en écho.
Mais je ne suis pas éternelle.

J'ai pu embrasser le plaisir au centre d'une chorégraphie.
L'écriture de la danse est dans mon sexe.

La tristesse fonce et enjambe la beauté.

C'est le seul bond jouissant de ce cheval temporel si triste.

IV

Je savais dire enfin, c'était si simple pourtant, si bête,
ce que je savais obstinément dans ma tête dure,
depuis la plus lointaine enfance : percevoir est jouir.
Mais je ne savais pas ce qu'on en pouvait faire ;
sinon jouir de pouvoir enfin le dire.

Annie Leclerc,
Épousailles

Amour.
Veine.
Le sang arrive au bout des doigts.

La main jamais dégainée s'assemble à l'amour dans le vide.
Son beau geste demande le sang aux yeux.
La main entre à l'intérieur.

Les champs soudains sont rythmés aux reins.
Ils forment un poing de solidarité avec l'amour extérieur et pensent au cœur fou dans le lointain du paysage qui parcourt tous les kilomètres en une seconde.

Pourquoi l'amour est-il un cœur-cheval qui remplit les yeux ?

Pourquoi est-ce que je me baise passionnément les mains dans la verticale de ma langue ?

Mon cœur, une main pleine d'inspirations.

*

Je réapprends à m'allécher à travers les arbres.
Par le regard plongé dans le cordon de la jouissance.
Je m'étends intensément dans le vide des branches.

Des arbres entrent en moi.
Il y a des choses énormes que j'adorerais choisir en brossant le temps de ma main.

La chair est fameuse.
Donnée à la vue éternelle.

En dehors de la bouche comme une mouche,
je m'assois avec la jouissance dans mes mains.

Je me pourlèche de l'homme avec un paquet de bras
en haies.
Je m'en vais.
Je me jette avec des bras en haies.

Dans l'odeur et la dispersion des parties du corps,
le fameux buisson est une proposition corporelle
aussi désirable que la mer.

Enchevêtrées de branchages,
je suis fixée dans le comble de la respiration.
La respiration me transforme en apparition.
L'espace entre les fines branches devient plus fort.

Paysage à baiser.

À chaque pas, il y a des amours par-ci et des amours par-là.
De multiples actes d'amours,
de mouvements non dilués.

J'ai écrit cent fois que le paysage est un dessin.
Un amour rempli de mains.

Je suis une vitesse effroyable dans un paysage.

C'est l'amour quand je danse.
Coulé comme une rivière démise à mes pieds.
C'est l'amour qui me pourchasse.
Mes sentiments, ma bonté, mes bras coulent.

La danse.
Tant de cascades à engrosser.
Tant de bontés qui courent sur place.

Adjoindre l'air à ses seins.
S'extraire de l'eau pour apparaître nue
et sentir la terre se soulever au bassin.

La hauteur des arbres est dans mon ventre.
Avec les yeux fermés je m'étire vers eux.
Mon corps aquatique tombe dans les arbres.
Mes feuilles d'eau se répandent.

Le cœur du marais me plaît.

L'animal de mon corps a le plaisir de sourire.

Celui qui voit le ciel dans ses yeux me plaît.

La hanche retirée, prise dans le jardin.
Dans le ciel de ma vision.
Là,
à mes pieds.
Elle est un nuage lourd et calme de tant d'amour félin.

Je suis attaquée.

La sensation de l'amour épandu garde mes mains à jamais.

J'ai trouvé un corps pour vivre et mourir.
J'ai suivi le parcours et il y a la mort.

Notre corps immédiatement là-bas est l'eau du futur.

Le fond du rythme encercle finement l'amour
par une eau cachée dans la mer.
Là vivent les eaux responsables
d'amour-tourbillon autour du désir.

V

Qu'est-ce qui se donne à voir quand l'amour nous ouvre tous les sens ? Qu'est-ce qui jaillit à la lumière quand la jubilation nous jette au dehors ? M'est avis que ce n'est pas affaire privée ; ni affaire de goût ; ni affaire de caractère. M'est avis que si nous voulions entrer dans ce que dit, ce que veut dire la jouissance, ce qui appelle à être dit si impérieusement dans la jouissance, nous entendrions non les jérémiades, nos différences, mais la voix de notre communauté, le vrai de notre humanité, le cœur de notre puissance.

Annie Leclerc,
Épousailles

La beauté saute sur moi pendant que l'espace m'attrape.

Au cou, nous nous émouvons.
Notre fumée ondule nos reins.
Les sacrés reins de sensation ont le regard des chiens.

La beauté dans l'effet le plus pesant.

Pendant une seconde,
les désirs transpercent le regard qui salive à l'épée.

La beauté jetée au ventre et le beurre de la plénitude
rassemblent l'espace.

Je pratique un incessant déshabillage du désir devant un muret.
La vérité y naît et m'ensevelit dans les airs.

Je dévale aux bornes extatiques qui affûtent et précisent mes yeux.
Je suis saisie comme une corneille découpée en une femme.

Je suis un couloir animal.
Un petit bloc métamorphique apaisé et encouragé par la grande respiration de l'instant.

Les yeux ne se passent plus de l'avalement et de la salive qui acquiesce continûment.

Temps mort.
Putain de cri.
Putain d'animal inclus.
Incroyable.

Le regard est devant et la beauté est lointaine.

*

Oui montrer.
Les autres mains sont proches de la danse.
Elles sont des reines pleines d'air.

Les champs sont réellement pimpants.
Utilisés par-dessus la paix.

Les champs animés d'un corps violent sont des chars
dont le rythme est aimé.

Un champ débordé est un bonheur de dieu reçu sur
sa sellette.

Les temps arrêtés marchent dans le champ.
J'espère que les poissons ont été baisés.
J'embrasse environ dix champs par jour.

Les champs n'ont jamais dormi.
La vie n'est jamais morte.
J'ai toujours désiré le champ dans son au-dessus.

J'encercle le corps.
C'est le sexe du sol.

*

J'ai été folle amoureuse de la comète du désir
partie dans un tunnel.

À la bouche la beauté en paix.

MAY 09

DANS LA COLLECTION INITIALE

Offrandes de la jouissance a été composé
en caractères Electra corps 11 et achevé d'imprimer
par Transcontinental
le dixième jour du mois de mars de l'an deux mille neuf
pour le compte des Éditions du Noroît.

Direction littéraire
Paul Bélanger